Impressum
Verlag: BABADADA GmbH, Nedderfeld 112 , 22529 Hamburg
Geschäftsführer / Verlagsleitung: Harald Hof
Druck: Books on Demand GmbH, In de Tarpen 42, 22848 Norderstedt

Imprint
Publisher: BABADADA GmbH, Nedderfeld 112 , 22529 Hamburg, Germany
Managing Director / Publishing direction: Harald Hof
Print: Books on Demand GmbH, In de Tarpen 42, 22848 Norderstedt

除 delen

186/2

黑板 bord

教室 klaslokaal

校园 speelplaats

老师 leerkracht

纸 papier

书写 schrijven

钢笔 pen

办公桌 bureau

直尺 liniaal

书 boek

学生 leerling

书包
schooltas

铅笔盒
pennenzak

铅笔
potlood

卷笔刀
puntenslijper

橡皮擦
gom

画板
tekenblok

图画
tekening

画笔
verfborstel

颜料盒
verfdoos

剪刀
schaar

胶水
lijm

练习册
werkboek

家庭作业
huiswerk

12

数字
nummer

2+2

加
optellen

5-2

减
aftrekken

2×2

乘
vermenigvuldigen

计算
rekenen

A

字母
letter

ABCDEFG
HIJKLMN
OPQRSTU
VWXYZ

字母表
alfabet

hello

字
woord

课文

tekst

读

Lezen

粉笔

krijt

上课

les

登记

klassenboek

考试

examen

证书

certificaat

校服

schooluniform

教育

onderwijs

百科全书

encyclopedie

大学

universiteit

显微镜

microscoop

地图

kaart

废纸筐

papiermand

酒店
hotel

Grand

青年旅社
jeugdherberg

ROOMS

外币兑换处
wisselkantoor

EXCHANGE

手提箱
koffer

汽车
auto

语言
Taal

是/否
ja / nee

好的
oké

您好
hallo

翻译员
vertaler

谢谢
bedankt

……多少钱？

Hoeveel kost …?

我不明白

Ik begrijp het niet

问题

probleem

晚上好！

Goedenavond!

早上好！

Goedemorgen!

晚安！

Goedenavond!

再见

Tot ziens

方向

richting

行李

bagage

包

zak

双肩包

rugzak

客人

gast

房间

kamer

睡袋

slaapzak

帐篷

tent

旅游信息

toeristeninformatie

海滩

strand

信用卡

kredietkaart

早餐

ontbijt

午餐

lunch

晚餐

avondeten

票

ticket

电梯

lift

邮票

postzegel

边界

grens

海关

douane

大使馆

ambassade

签证

visum

护照

paspoort

飞机
vliegtuig

船
schip

消防车
brandweerwagen

公交车
bus

卡车
vrachtwagen

汽艇
motorboot

自行车
fiets

汽车
auto

摆渡船

veerboot

小船

boot

摩托车

motor

警车

politiewagen

赛车

racewagen

租车

huurauto

拼车
carpoolen

拖车
sleepwagen

垃圾车
vuilniswagen

发动机
motor

汽油
benzine

加油站
benzinestation

交通标志
verkeersbord

交通
verkeer

交通堵塞
file

停车场
parkeerplaats

火车站
station

轨道
sporen

火车
trein

电车
tram

货车
wagon

直升机

helikopter

机场

luchthaven

塔

toren

乘客

passagier

集装箱

container

纸板箱

karton

手推车

kar

篮子

mand

起飞/降落

opstijgen / landen

城市

stad

村庄

dorp

市中心

stadscentrum

房子

huis

电影院
bioscoop

广告
reclame

路灯
straatlantaarn

CINEMA

街道
straat

出租车
taxi

小吃店
kiosk

行人
voetganger

人行道
trottoir

斑马线
zebrapad

垃圾箱
vuilnisbak

十字路口
kruispunt

红绿灯
verkeerslichten

小屋
hut

公寓
woning

火车站
station

市政厅
stadshuis

博物馆
museum

学校
school

大学

universiteit

银行

bank

医院

ziekenhuis

酒店

hotel

药房

apotheek

办公室

kantoor

书店

boekwinkel

商店

winkel

花店

bloemenwinkel

超市

supermarkt

市场

markt

百货商店

warenhuis

鱼店

vishandelaar

购物中心

winkelcentrum

海港

haven

公园

park

长凳

bank

桥

brug

楼梯

trap

地铁

metro

隧道

tunnel

公交车站

bushalte

酒吧

bar

餐馆

restaurant

邮筒

brievenbus

路标

straatnaambord

停车计时器

parkeermeter

动物园

zoo

游泳馆

zwembad

清真寺

moskee

农场

boerderij

污染

milieuverontreiniging

墓地

kerkhof

教堂

kerk

操场

speelplaats

寺庙

tempel

地形

landschap

树叶
blad

指示牌
wegwijzer

路
weg

草地
weide

石头
steen

树
boom

徒步旅行者
wandelaar

河
rivier

草
gras

花
bloem

峡谷
vallei

山
heuvel

湖
meer

森林
bos

沙漠
woestijn

火山
vulkaan

城堡
kasteel

彩虹
regenboog

蘑菇
paddenstoel

棕榈树
palmboom

蚊子
mug

苍蝇
vlieg

蚂蚁
mier

蜜蜂
bijl

蜘蛛
spin

甲虫

kever

青蛙

kikker

松鼠

eekhoorn

刺猬

egel

野兔

haas

猫头鹰

uil

鸟

vogel

天鹅

zwaan

野猪

wild zwijn

鹿

hert

麋鹿

eland

水坝

dam

风力发电机

windturbine

太阳能电池板

zonnepaneel

气候

klimaat

服务员
ober

菜单
menu

椅子
stoel

汤
soep

披萨饼
pizza

餐具
bestek

桌布
tafelkleed

前菜
voorgerecht

主菜
hoofdgerecht

甜点
nagerecht

饮料
drankjes

食物
eten

瓶子
fles

快餐

fastfood

街边小吃

street food

茶壶

theepot

糖盒

suikerpot

一份饭菜

portie

意式咖啡机

espressomachine

高脚椅

kinderstoel

账单

rekening

托盘

dienblad

刀

mes

餐叉

vork

勺子

lepel

茶匙

theelepel

餐巾

serviette

玻璃杯

glas

碟子

bord

汤盘

soepbord

碟子

schoteltje

酱

saus

盐瓶

zoutvatje

胡椒磨

pepermolen

醋

azijn

食用油

olie

调味料

kruiden

番茄酱

ketchup

芥末

mosterd

蛋黄酱

mayonaise

超市
supermarkt

特价
aanbieding

顾客
klant

乳制品
zuivelproducten

水果
fruit

购物车
winkelwagen

肉铺
slagerij

面包房
bakkerij

称重
wegen

蔬菜
groenten

肉
vlees

冷冻食品
diepvriesvoedsel

冷盘

charcuterie

罐头食品

conserven

洗衣粉

waspoeder

甜食

snoep

日用品

huishoudproducten

清洁用品

schoonmaakproducten

销售员

verkoopster

收银机

kassa

收银员

kassier

购物清单

boodschappenlijstje

开放时间

openingstijden

钱包

portefeuille

信用卡

kredietkaart

袋子

tas

塑料袋

plastieken zakje

水

water

果汁

sap

牛奶

melk

可乐

cola

红酒

wijn

啤酒

bier

酒

alcohol

可可

cacao

茶

thee

咖啡

koffie

意式浓缩咖啡

espresso

卡布奇诺

cappuccino

香蕉

banaan

苹果

appel

橙子

sinaasappel

西瓜

meloen

柠檬

citroen

胡萝卜

wortel

大蒜

knoflook

竹子

bamboe

洋葱

ajuin

蘑菇

champignon

坚果

noten

面条

noodles

意大利面条

spaghetti

米饭

rijst

沙拉

salade

薯条

frieten

炸土豆

gebakken aardappelen

披萨饼

pizza

汉堡包

hamburger

三明治

sandwich

炸猪排

kalfslapje

火腿

ham

萨拉米

salami

香肠

worst

鸡肉

kip

烤肉

braden

鱼

vis

食物 - eten

燕麦片

havervlokken

穆兹利

muesli

玉米片

cornflakes

面粉

bloem

羊角面包

croissant

面包卷

pistolet

面包

brood

烤面包

toast

饼干

koekjes

黄油

boter

凝乳

kwark

蛋糕

taart

蛋

ei

煎蛋

spiegelei

奶酪

kaas

冰激凌

ijs

糖

suiker

蜂蜜

honing

果酱

confituur

巧克力酱

choco

咖喱饭

curry

农舍
boerderij

稻草捆
strobaal

粮仓
schuur

田野
veld

马
paard

拖车
aanhangwagen

马驹
veulen

拖拉机
tractor

驴
ezel

羊
schaap

羔羊
lam

山羊

geit

奶牛

koe

牛犊

kalf

猪

varken

小猪

biggetje

公牛

stier

鹅

gans

鸭

eend

小鸡

kuiken

母鸡

kip

公鸡

haan

鼠

rat

猫

kat

老鼠

muis

牛

os

狗

hond

狗屋

hondenhok

花园浇水软管

tuinslang

洒水壶

gieter

长柄大镰刀

zeis

犁

ploeg

镰刀

sikkel

锄头

schoffel

长柄草耙

hooivork

斧头

bijl

独轮手推车

kruiwagen

饲料槽

trog

牛奶罐

melkkan

麻布袋

zak

栅栏

hek

马厩

stal

温室

broeikas

土壤

bodem

种子

zaad

肥料

mest

联合收割机

maaidorser

收割

oogsten

收割

oogst

山药

yam

小麦

tarwe

大豆

soja

土豆

aardappel

玉米

maïs

油菜籽

koolzaad

果树

fruitboom

树薯

maniok

谷物

graan

烟囱
schoorsteen

屋顶
dak

落水管
regenpijp

窗户
raam

车库
garage

门铃
deurbel

门
deur

垃圾桶
vuilnisbak

信箱
brievenbus

花园
tuin

客厅
woonkamer

浴室
badkamer

厨房
keuken

卧室
slaapkamer

儿童房
kinderkamer

餐厅
eetkamer

地板

vloer

墙壁

muur

吊顶

plafond

地窖

kelder

桑拿

sauna

阳台

balkon

露台

terras

游泳池

zwembad

割草机

grasmaaier

被单

dekbedovertrek

床罩

dekbed

床

bed

扫帚

bezem

水桶

emmer

开关

schakelaar

壁纸
behangpapier

照片
foto

台灯
lamp

搁架
schap

橱柜
kast

电视机
televisie

壁炉
open haard

花
bloem

垫子
kussen

花瓶
vaas

沙发
sofa

遥控器
afstandsbediening

地毯

mat

窗帘

gordijn

餐桌

tafel

椅子

stoel

摇椅

schommelstoel

扶手椅

fauteuil

书

boek

毯子

deken

装饰品

decoratie

木柴

brandhout

电影

film

高保真音响

stereo-installatie

钥匙

sleutel

报纸

krant

油画

schilderij

海报

poster

收音机

radio

笔记本

notitieboekje

吸尘器

stofzuiger

仙人掌

cactus

蜡烛

kaars

微波炉
microgolfoven

冰箱
koelkast

厨房秤
keukenweegschaal

烤面包机
broodrooster

洗洁精
afwasmiddel

烤箱
oven

冰柜
vriesvak

垃圾桶
vuilnisbak

洗碗机
vaatwasmachine

炊具

fornuis

锅

pot

铸铁锅

gietijzeren pot

炒锅

wok / kadai

平底锅

pan

水壶

waterkoker

蒸锅

stoomkoker

烤盘

bakplaat

陶瓷锅

servies

马克杯

mok

碗

kom

筷子

eetstokjes

长柄勺

pollepel

铲子

spatel

搅拌器

garde

滤网

vergiet

筛子

zeef

磨碎机

rasp

研钵

mortier

烧烤

barbecue

明火

haardvuur

菜板

snijplank

擀面杖

deegrol

开瓶器

kurkentrekker

罐子

blik

开罐器

blikopener

隔热手套

pannenlap

水槽

gootsteen

刷子

borstel

海绵

spons

搅拌机

blender

冷藏箱

vriezer

奶瓶

papfles

水龙头

kraan

浴室
badkamer

供暖设备
verwarming

淋浴
douche

毛巾
handdoek

浴帘
douchegordijn

泡沫浴
bubbelbad

浴缸
badkuip

玻璃杯
glas

洗衣机
wasmachine

水龙头
kraan

瓷砖
tegels

便壶
kinderpo

水槽
gootsteen

厕所
toilet

蹲便器
hurktoilet

坐浴器
bidet

小便池
urinoir

厕纸
toiletpapier

马桶刷
toiletborstel

牙刷

tandenborstel

牙膏

tandpasta

牙线

flosdraad

洗

wassen

手持式喷淋头

handdouche

冲洗器

bidethanddouche

洗脸盆

waskom

擦背刷

rugborstel

肥皂

zeep

沐浴露

douchegel

洗发水

shampoo

法兰绒

washandje

排水

afvoer

乳霜

crème

除臭剂

deodorant

镜子

spiegel

手镜

handspiegel

剃须刀

scheermes

剃须泡沫

scheerschuim

须后水

aftershave

梳子

kam

刷子

borstel

吹风机

haardroger

喷发定型剂

haarlak

化妆品

make-up

唇膏

lippenstift

指甲油

nagellak

化妆棉

watten

指甲剪

nagelknipper

香水

parfum

洗漱包

toilettas

凳子

kruk

计重秤

weegschaal

浴袍

badjas

橡胶手套

latex handschoenen

卫生棉条

tampon

卫生巾

maandverband

化学厕所

chemisch toilet

闹钟
wekker

毛绒玩具
knuffel

玩具车
speelgoedauto

玩具屋
poppenhuis

礼物
geschenk

拨浪鼓
rammelaar

气球
ballon

床
bed

（洋娃娃用）婴儿车
kinderwagen

扑克牌
spel kaarten

拼图
puzzel

漫画
stripboek

乐高积木

legoblokjes

积木玩具

blokken

玩具人

actiefiguur

婴儿服

kruippakje

飞盘

frisbee

床铃玩具

mobiel

棋盘游戏

bordspel

骰子

dobbelsteen

火车模型

modelspoorweg

安抚奶嘴

fopspeen

聚会

feest

绘本

prentenboek

球

bal

洋娃娃

pop

玩

spelen

沙坑

zandbak

秋千

schommel

玩具

speelgoed

游戏机

spelconsole

三轮车

driewieler

泰迪熊

knuffelbeer

衣柜

kleerkast

衣服

kleding

袜子

sokken

长袜

kousen

紧身裤

maillot

围巾
sjaal

雨伞
paraplu

皮带
riem

T恤
T-shirt

运动鞋
sneakers

靴子
laarzen

拖鞋
slippers

凉鞋
sandalen

鞋
schoenen

雨靴
rubberlaarzen

内裤
onderbroek

胸罩
beha

背心
onderhemd

衣服 - kleding

45

身体

lichaam

裤子

broek

牛仔裤

jeans

短裙

rok

女式衬衫

blouse

衬衫

hemd

套头衫

trui

卫衣

capuchontrui

西装夹克

blazer

夹克

jas

外套

jas

雨衣

regenjas

套装

kostuum

连衣裙

jurk

婚纱

trouwjurk

西装

pak

睡袍

nachthemd

睡衣

pyjama

莎丽

sari

头巾

hoofddoek

包头巾

tulband

波卡

boerka

卡夫坦

kaftan

(阿拉伯式)长袍长袍

abaya

泳衣

badpak

男式泳裤

zwembroek

短裤

short

运动服

trainingspak

围裙

schort

手套

handschoenen

纽扣
knoop

眼镜
bril

手链
armband

项链
ketting

戒指
ring

耳环
oorbel

便帽
pet

衣架
kapstok

帽子
hoed

领带
das

拉链
rits

头盔
helm

背带
bretellen

校服
schooluniform

制服
uniform

围兜

slabbetje

安抚奶嘴

fopspeen

尿不湿

luier

服务器
server

文件柜
dossierkast

打印机
printer

纸
papier

显示屏
monitor

鼠标
muis

办公桌
bureau

文件夹
map

键盘
toestenbord

废纸篓
papiermand

电脑
computer

椅子
stoel

咖啡杯

koffiemok

计算器

rekenmachine

因特网

internet

笔记本电脑
laptop

信件
brief

消息
bericht

手机
gsm

网络
netwerk

复印机
kopieerapparaat

软件
software

电话
telefoon

插座
stopcontact

传真机
fax

表格
formulier

文件
document

买
kopen

付钱
betalen

交易
handelen

现金
geld

美元
dollar

欧元
euro

日元
yen

卢布
roebel

瑞士法郎
Zwitserse frank

人民币
Chinese renminbi

卢比
roepie

提款处
geldautomaat

外币兑换处

wisselkantoor

金

goud

银

zilver

石油

olie

能源

energie

价格

prijs

合同

contract

税金

belasting

股票

aandeel

工作

werken

职员

werknemer

老板

werkgever

工厂

fabriek

商店

winkel

警官
politieagent

消防员
brandweerman

厨师
kok

医生
dokter

飞行员
piloot

园丁

tuinman

木匠

timmerman

裁缝

naaister

法官

rechter

化学家

chemicus

演员

acteur

公交车司机

buschauffeur

出租车司机

taxichauffeur

渔夫

visser

清洁女工

schoonmaakster

屋顶工

dakdekker

服务员

ober

猎人

jager

画家

schilder

面包师

bakker

电工

elektricien

建筑工人

bouwvakker

工程师

ingenieur

屠夫

slager

水管工

loodgieter

邮递员

postbode

士兵

soldaat

建筑师

architect

收银员

kassier

花农

bloemist

理发师

kapper

售票员

conducteur

机械师

mecanicien

船长

kapitein

牙医

tandarts

科学家

wetenschapper

拉比

rabbijn

伊玛目

imam

和尚

monnik

牧师

geestelijke

铁锤
hamer

钳子
tang

螺丝刀
schroevendraaier

扳手
schroefsleutel

手电筒
zaklamp

挖掘机

graafmachine

工具箱

gereedschapskoffer

梯子

ladder

锯子

zaag

钉子

spijkers

钻机

boormachine

修
repareren

铲子
schop

靠！
Verdomme!

簸箕
blik

油漆桶
verfpot

螺丝
schroeven

乐器
muziekinstrumenten

扬声器
luidspreker

打击乐器
drumstel

吉他
gitaar

低音提琴
contrabas

小号
trompet

钢琴

piano

小提琴

viool

贝斯

basgitaar

定音鼓

pauk

鼓

trommels

电子琴

keyboard

萨克斯管

saxofoon

长笛

fluit

麦克风

microfoon

老虎
tijger

入口
ingang

笼子
kooi

斑马
zebra

动物饲料
diereneten

熊猫
panda

动物

dieren

大象

olifant

袋鼠

kangoeroe

犀牛

neushoorn

大猩猩

gorilla

熊

beer

骆驼

kameel

鸵鸟

struisvogel

狮子

leeuw

猴子

aap

火烈鸟

flamingo

鹦鹉

papegaai

北极熊

ijsbeer

企鹅

pinguïn

鲨鱼

haai

孔雀

pauw

蛇

slang

鳄鱼

krokodil

动物园管理员

dierenverzorger

海豹

zeehond

美洲豹

jaguar

矮种马

pony

豹

luipaard

河马

nijlpaard

长颈鹿

giraffe

老鹰

adelaar

野猪

wild zwijn

鱼

vis

龟

zeeschildpad

海象

walrus

狐狸

vos

羚羊

gazelle

橄榄球
rugby

骑自行车
wielrennen

网球
tennis

篮球
basketbal

游泳
zwemmen

拳击
boksen

冰球
ijshockey

英式足球
voetbal

羽毛球
badminton

田径
atletiek

手球
handbal

滑雪
skiën

马球
polo

跳
springen

拥抱
knuffelen

笑
lachen

唱
zingen

走路
wandelen

祈祷
bidden

亲吻
kussen

做梦
dromen

书写
schrijven

画
tekenen

展示
tonen

推
duwen

给
geven

拿
nemen

有
hebben

做
doen

当
zijn

站
staan

跑
lopen

拉
trekken

扔
gooien

摔倒
vallen

躺
liggen

等待
wachten

携带
dragen

坐
zitten

穿衣
aankleden

睡觉
slapen

醒来
ontwaken

看
kijken naar

哭
wenen

抚摸
aaien

梳头
kammen

交谈
praten

明白
begrijpen

问
vragen

听
luisteren

喝
drinken

吃
eten

清理
opruimen

爱
houden van

做饭
koken

开车
rijden

飞
vliegen

活动 - activiteiten

航行

zeilen

计算

rekenen

读

Lezen

学习

leren

工作

werken

结婚

trouwen

缝

naaien

刷牙

tandenpoetsen

杀

doden

抽烟

roken

寄

sturen

familie

祖母
grootmoeder

祖父
grootvader

父亲
vader

母亲
moeder

婴童
baby

女儿
dochter

儿子
zoon

客人

gast

阿姨

tante

叔叔

oom

兄弟

broer

姐妹

zus

身体

lichaam

前额
voorhoofd

眼睛
oog

肩膀
schouder

手指
vinger

脸
gezicht

下巴
kin

手
hand

乳房
borst

腿
been

手臂
arm

婴童
baby

男人
man

女人
vrouw

女孩
meisje

男孩
jongen

头
hoofd

背部

rug

肚子

buik

肚脐

navel

脚趾

teen

脚后跟

hiel

骨头

bot

臀部

heup

膝盖

knie

手肘

elleboog

鼻子

neus

屁股

zitvlak

皮肤

huid

脸颊

wang

耳朵

oor

嘴唇

lip

嘴

mond

牙齿

tand

舌头

tong

脑

hersenen

心脏

hart

肌肉

spier

肺

long

肝脏

lever

胃

maag

肾脏

nieren

性交

seks

避孕套

condoom

卵子

eicel

精子

sperma

怀孕

zwangerschap

月经

menstruatie

阴道

vagina

阴茎

penis

眉毛

wenkbrauw

头发

haar

脖子

nek

身体 - lichaam

医院
ziekenhuis

救护车
ambulance

轮椅
rolstoel

骨折
breuk

医生

dokter

急诊室

spoed

护士

verpleegkundige

紧急情况

noodgeval

昏迷

bewusteloos

痛

pijn

受伤

verwonding

出血

bloeding

心脏病发作

hartaanval

中风

beroerte

过敏

allergie

咳嗽

hoest

发烧

koorts

流感

griep

腹泻

diarree

头痛

hoofdpijn

癌症

kanker

糖尿病

diabetes

外科医生

chirurg

手术刀

scalpel

手术

operatie

CT
CT

X光
röntgenstraal

超声波
ultrageluid

口罩
gezichtsmasker

疾病
ziekte

候诊室
wachtkamer

拐杖
kruk

石膏
pleister

绷带
verband

注射
injectie

听诊器
stethoscoop

担架
brancard

体温计
thermometer

出生
geboorte

超重
overgewicht

助听器

hoorapparaat

消毒液

ontsmettingsmiddel

感染

infectie

病毒

virus

艾滋病

HIV / AIDS

药物

medicijn

接种疫苗

vaccinatie

药片

tabletten

药丸

pil

急救电话

noodoproep

血压计

bloeddrukmeter

生病/健康

ziek / gezond

救命！

Help!

突击

overval

警报

alarm

攻击

aanval

危险

gevaar

紧急出口

nooduitgang

着火啦！

Brand!

灭火器

brandblusser

意外

ongeval

急救箱

EHBO-kit

呼救信号

SOS

警察

politie

欧洲

Europa

北美洲

Noord-Amerika

南美洲

Zuid-Amerika

非洲

Afrika

亚洲

Azië

澳洲

Australië

大西洋

Atlantische Oceaan

太平洋

Stille Oceaan

印度洋

Indische Oceaan

南冰洋

Antarctische Oceaan

北冰洋

Arctische Oceaan

北极

Noordpool

南极
Zuidpool

南极洲
Antarctica

地球
aarde

陆地
land

海
zee

岛
eiland

国家
natie

国家
staat

地球 - aarde

钟面

wijzerplaat

时针

uurwijzer

分针

minuutwijzer

秒针

secondewijzer

现在几点？

Hoe laat is het?

天

dag

时间

tijd

现在

nu

电子表

digitale horloge

分

minuut

时

uur

周一 maandag
周二 dinsdag
周三 woensdag
周四 donderdag
周五 vrijdag
周六 zaterdag
周日 zondag

昨天
gisteren

今天
vandaag

明天
morgen

早晨
ochtend

中午
middag

晚上
avond

工作日
werkdagen

周末
weekend

雨
▶ regen

彩虹
▶ regenboog

风
wind

雪
sneeuw ◥

春
lente

夏
zomer ◥

秋
herfst

冬
winter ◥

天气预报
....
weervoorspelling

温度计
....
thermometer

阳光
....
zonneschijn

云
....
wolk

雾
....
mist

潮湿
....
vochtigheid

闪电

bliksem

打雷

donder

风暴

storm

冰雹

hagel

季风

moesson

洪水

overstroming

冰

ijs

一月

januari

二月

februari

三月

maart

四月

april

五月

mei

六月

juni

七月

juli

八月

augustus

九月

september

十月

oktober

十一月

november

十二月

december

形状

vormen

圆形

cirkel

正方形

kwadraat

长方形

rechthoek

三角形

driehoek

球体

bol

立方体

kubus

白

wit

黄

geel

橙

oranje

粉

roze

红

rood

紫

paars

蓝

blauw

绿

groen

棕

bruin

灰

grijs

黑

zwart

很多/少许

veel / weinig

生气/平静

boos / kalm

美/丑

mooi / lelijk

首/尾

begin / einde

大/小

groot / klein

明/暗

licht / donker

兄弟/姐妹

broer / zus

干净/肮脏

proper / vuil

完整/缺失

volledig / onvolledig

白天/晚上

dag / nacht

死/生

dood / levend

宽/窄

breed / smal

可食用/非食用

eetbaar / oneetbaar

邪恶/善良

kwaadaardig / vriendelijk

兴奋/无聊

opgewonden / verveeld

胖/瘦

dik / dun

第一/最后

eerst / laatst

朋友/敌人

vriend / vijand

满/空

vol / leeg

硬/软

hard / zacht

重/轻

zwaar / licht

饿/渴

honger / dorst

生病/健康

ziek / gezond

非法/合法

illegaal / legaal

聪明/愚笨

intelligent / dom

左/右

links / rechts

近/远

dichtbij / veraf

新/旧

nieuw / gebruikt

没有/有些

niets / iets

老/幼

oud / jong

开/关

aan / uit

打开/合上

open / dicht

安静/吵闹

stil / luid

富/穷

rijk / arm

对/错

juist / fout

粗糙/光滑

ruw / glad

伤心/高兴

droevig / blij

短/长

kort / lang

慢/快

traag / snel

湿/干

nat / droog

温暖/凉爽

warm / koud

战争/和平

oorlog / vrede

0

零

nul

1

一

één

2

二

twee

3

三

drie

4

四

vier

5

五

vijf

6

六

zes

7

七

zeven

8

八

acht

9

九

negen

10

十

tien

11

十一

elf

12

十二
twaalf

13

十三
dertien

14

十四
veertien

15

十五
vijftien

16

十六
zestien

17

十七
zeventien

18

十八
achtien

19

十九
negentien

20

二十
twintig

100

百
honderd

1.000

千
duizend

1.000.000

百万
miljoen

英语
....
Engels

美式英语
....
Amerikaans Engels

普通话
....
Chinees (Mandarijn)

印地语
....
Hindi

西班牙语
....
Spaans

法语
....
Frans

阿拉伯语
....
Arabisch

俄语
....
Russisch

葡萄牙语
....
Portugees

孟加拉语
....
Bengali

德语
....
Duits

日语
....
Japans

我
ik

你
u

他/她/它
hij / zij / het

我们
wij

你们
u

他们
ze

谁？
wie?

什么？
wat?

怎样？
hoe?

哪里？
waar?

什么时候？
wanneer?

名字
naam

方位

waar

后面

achter

里面

in

前面

voor

上方

boven

上面

op

下面

onder

旁边

naast

中间

tussen

地点

plaats